कुछ और नज़्में

कुछ और नज़्में

गुलज़ार

राधाकृष्ण

ISBN : 978-81-8361-663-8

कुछ और नज़्में

पहला संस्करण : 1980
आठवाँ संस्करण : 2024

मूल्य : ₹499

प्रकाशक
राधाकृष्ण प्रकाशन प्राइवेट लिमिटेड
जी-17, जगतपुरी, दिल्ली-110 051
शाखाएँ : अशोक राजपथ, साइंस कॉलेज के सामने, पटना-800 006
पहली मंजिल, दरबारी बिल्डिंग, महात्मा गांधी मार्ग, प्रयागराज-211 001
1, अनमोल सोराबजी संतुक लेन, धोबी तलाव, मरीन लाइंस, मुम्बई-400 002
वेबसाइट : www.radhakrishnaprakashan.com
ई-मेल : info@radhakrishnaprakashan.com

मुद्रक
यश प्रिंटोग्राफिक्स
नोएडा-201 301 (उत्तर प्रदेश)

KUCHH AUR NAZMEIN
by Gulzar

‘दीना’ वाले मक्खन सिंह
ते ‘काला’ वाली सुजान कौर
दा ब्याह न होंदा ते मैं किथे होंदा।

मेरा किताब से लगाव नहीं जाता।

शुरू-शुरू में जब किताबें छपी थीं तो बड़ी तसल्ली होती थी कि कापियों, डायरियों और काग़ज़ों के पुरज़ों पर लिखी नज़्में किसी मंज़िल को पहुँच गईं। किताब तक पहुँचते ही लगता था नज़्में अपने घर पहुँच गईं। फिर जैसे आदमी घर बदलता है, कुछ नज़्में भी अपना घर बदलने लगीं। एक किताब से बह के दूसरी किताब में चली गईं।

मैं एक किताब, दूसरी किताब में इसलिए उँड़ेलता रहा कि वक़्त के साथ-साथ नज़्में मेरे ज़ेहन में बार-बार छनती रहीं। शुरू-शुरू में ज़्यादा कह जाता था। वक़्त के साथ समझ में आया कि कम कहने में ज़्यादा तास्सुर है। ज़्यादा कहने से मानी डाइल्यूट हो जाते हैं। 'जानम' अपना पहला मजमूआ, देवनागरी में देखने के लिए 'एक बूँद चाँद' छपी। जब वो छनी तो मोटा पीसा हुआ निकल गया और बाक़ी माँदा अगली किताब में उँड़ेल दिया। 'कुछ और नज़्में'–

अशोक महेश्वरी वो फिर से छापना चाहते हैं। हालाँकि इसमें बहुत-सी नज़्में हैं जिन्हें मैं फिर से छानना चाहता हूँ। मगर वो मना करते हैं। बस कीजिए, सब मैदा हो जाएगा। आपकी मर्ज़ी...अब मैदा हो कि मलीदा, हाज़िर है।

गुलज़ार

त'आरुफ़

इस मजमूए का, जिसे मैं हिन्दी में संग्रह भी कह सकता हूँ, परिचय कराना कुछ ज़रूरी लग रहा है। इसमें क़रीब 1965 से लेकर 1979 तक की चुनी हुई नज़्में हैं, जिन्हें मैंने अपनी मर्ज़ी से चुना है। उससे पहले की नज़्में भी अपनी मर्ज़ी से ही एक बार तैश में आकर जला दी थीं। बाद में कुछ नज़्में कहीं-कहीं पड़ी हुई हाथ लगती रहीं, लेकिन उन्हें मैंने कभी किसी मजमूए में शामिल नहीं किया। इससे पहले भी एक मजमूआ नज़्मों का छपा था, 'एक बूँद चाँद' के नाम से। इस संग्रह में वह नज़्में भी शामिल हैं। हाँ, कुछ घट गई हैं, कुछ बढ़ गई हैं। ज़बान तमाम नज़्मों की उर्दू है या उर्दू-मायल हिन्दुस्तानी। कुछ ऐसी ही ज़बान मैं बोलता हूँ; इसीलिए वही सच लगती है।

अंग्रेज़ी साहित्य पढ़ने के कारण और फ़िल्मों की स्क्रिप्ट में अंग्रेज़ी माध्यम इस्तेमाल करने की वजह से बहुत कुछ अंग्रेज़ी में ही सोचने की आदत हो गई है, इसलिए कहीं-कहीं अंग्रेज़ी का लफ़्ज़ भी नज़र आ जाता है। लेकिन सिर्फ़ उतना ही जितना कि चेहरे पे एक 'पिम्पल'। खुजली करता है लेकिन अगर तोड़ दो तो ज़ख़्म हो जाता है। लहू की बूँद नज़र आने लगती है। उसे तर्जुमा कर दो तो कुछ कम हो जाता है, जैसे म्यूज़ियम, गेट-टुगेदर, फ़ेमिली-ट्री। इन लफ़्ज़ों के हिन्दी या उर्दू लफ़्ज़ मिल जाते हैं, लेकिन वही कि, अनुवाद-से ही लगते हैं। मुझे वे अनुवाद सूखे हुए आमलों की तरह लगते हैं। तासीर वही है लेकिन न रस रहा न मस।

लम्बी नज़्मों का एक हिस्सा है, जिनके उनवान अंग्रेज़ी में दे रहा हूँ।

दूसरे हिस्सों में नज़्मों के उनवान नहीं हैं, सिर्फ़ हिस्सों के नाम हैं।

उर्दू में एक शे'र के दो मिसरे होते हैं, जिसमें पहले मिसरे को 'ऊला' कहते हैं और दूसरे मिसरे को 'सानी'।

मिसरा-ए-ऊला में क़ैफ़ियत तो होती है, लेकिन वह अपने आप में पूरा नहीं होता। उसे मिसरा-ए-सानी की ज़रूरत होती है, जो पहले मिसरे की बात पूरी कर दे और शे'र के माने को गिरह लगा दे।

इस किताब में 'ऊला' की नज़्में उन मिसरों की तरह हैं जो अपने दूसरे हिस्से को ढूँढ़ती नज़र आती हैं। उनमें क़ैफ़ियत तो है लेकिन कहीं गिरह नहीं लगा पातीं। और जब गिरह लगी, कुछ-कुछ माने कहीं-कहीं समझ आने लगे तो अपने-आप 'सानी' की नज़्में हो गईं। ऐसा अकसर होता है ज़िन्दगी में, 'ऊला' क़ैफ़ियत से गुज़रते रहते हैं और सानी की गिरह देर तक नहीं लगती।

एक और बात।

सैल्फ़-कनफ़ैशन।

बोलते-बोलते आदमी अपनी बात बनाना भी सीख जाता है। कभी चाहते हुए, कभी न चाहते हुए।

हो सकता है, ऊला और सानी को आप इस तरह न देखें जैसे मैं देख रहा हूँ। और वह कोई ज़रूरी भी नहीं। ज़रूरी नहीं कि शाम की शफ़क़ आप भी उसी तरह देखें जैसे मैं देखता हूँ। ज़रूरी नहीं कि उसकी सुर्ख़ी आपके अन्दर भी वही रंग घोले जो मेरे अन्दर घोलती है। हर लम्हा, हर इंसान अपनी तरह खोलकर देखता है इसलिए मैंने उन लम्हों पर कोई मुहर नहीं लगाई, कोई नाम नहीं दिया। लेकिन इतना ज़रूर है कि उन लम्हों को मैंने बिल्कुल इसी तरह महसूस किया है जिस तरह कहने की कोशिश की है और बग़ैर महसूस किए कभी कुछ नहीं कहा।

एक और हिस्सा है, 'ख़ाके'। इनमें पेंटिंग्ज़ हैं, कुछ पोर्ट्रेट हैं, कुछ लैंडस्केप हैं और कुछ महज़ स्केचेज़। जी चाहता था, अपनी फ़िल्म की ज़बान में उन्हें क्लोज-अप, लांग-शाट या डिज़ाल्व कहके बुलाऊँ, लेकिन ऐसा नहीं किया, आपकी आसानी के लिए।

'दस्तख़त' का एक हिस्सा है। उसमें बड़ी निजी-सी नज़्में हैं, बड़े निजी-से लम्हे हैं। कुछ ऐसे लम्हे, जिनमें से लोग गुज़रते तो हैं लेकिन उन्हें, 'रफ़-वर्क़' की तरह अलग रख देते हैं। मैंने उन अलग रखे पन्नों पर भी दस्तख़त कर दिए हैं।

ख़ास चीज़ जिसका ख़ासतौर से त'आरुफ़ कराना चाहता हूँ, वह 'त्रिवेणी' है।

भूषण बनमाली बड़े पुराने एक दोस्त हैं, और सिर्फ़ एक ही हैं। त्रिवेणी की 'फ़ार्म' उन्हीं की 'इंस्पिरेशन' का नतीजा है। 'त्रिवेणी' की फ़ार्म कुछ ऐसी है कि पहले दो मिसरों में शे'र अपने-आप में पूरा हो जाता है और तीसरा मिसरा, जो गुप्त है, उसके ज़ाहिर होते ही शे'र का मक़सद यानी 'स्ट्रेस' बदल जाता है, जो ज़ाहिर है किसी हद तक माने में तब्दीली कर देगा।

लेकिन ज़रूरी है कि 'त्रिवेणी' तीन मिसरों में कही नज़्म न हो। बस।

—गुलज़ार

क्रम

ऊला

सानी

दस्तख़त

ख़ाके

लम्बी नज़्में

त्रिवेणी

ऊला

अभी न पर्दा गिराओ, ठहरो, कि दास्ताँ आगे और भी है
अभी न पर्दा गिराओ, ठहरो !
अभी तो टूटी है कच्ची मिट्टी, अभी तो बस जिस्म ही गिरे हैं
अभी तो किरदार[1] ही बुझे हैं
अभी सुलगते हैं रूह के ग़म, अभी धड़कते हैं दर्द दिल के
अभी तो एहसास जी रहा है

यह लौ बचा लो जो थक के किरदार की हथेली से गिर पड़ी है
यह लौ बचा लो यहीं से उठेगी जुस्तजू[2] फिर बगूला बनकर
यहीं से उठेगा कोई किरदार फिर इसी रोशनी को लेकर
कहीं तो अंजाम[3]-ओ-जुस्तजू के सिरे मिलेंगे
अभी न पर्दा गिराओ, ठहरो ! □

1. चरित्र, 2. तलाश, कामना, 3. नतीजा, परिणति

ख़लाओं[1] में तैरते जज़ीरों[2] पे चम्पई धूप देख कैसे बरस रही है
महीन कोहरा सिमट रहा है
हथेलियों में अभी तलक तेरे नर्म चेहरे का लम्स[3] ऐसे छलक रहा है
कि जैसे सुबह को ओक में भर लिया हो मैंने
बस एक मद्धम-सी रोशनी मेरे हाथों-पैरों में बह रही है

तेरे लबों पर ज़बान रखकर
मैं नूर का वह हसीन क़तरा भी पी गया हूँ
जो तेरी उजली धुली हुई रूह से फिसलकर तेरे लबों पर ठहर गया था □

1. शून्य, 2. द्वीप, 3. स्पर्श

आज फिर चाँद की पेशानी[1] से उठता है धुआँ
आज फिर महकी हुई रात में जलना होगा

आज फिर सीने में उलझी हुई वज़नी साँसें
फटके बस टूट ही जाएँगी बिखर जाएँगी
आज फिर जागते गुज़रेगी तेरे ख़्वाब में रात

आज फिर चाँद की पेशानी से उठता है धुआँ □

1. मस्तक

नीले-नीले से शब के गुम्बद में
तानपूरा मिला रहा है कोई

एक शफ़्फ़ाफ़[1] काँच का दरिया
जब खनक जाता है किनारों से
देर तक गूँजता है कानों में

पलकें झपका के देखती हैं श'में
और फ़ानूस गुनगुनाते हैं
गुनगुनाती हैं बिल्लौर की बूँदें

तेरी आवाज़ पहन रखी है कानों में मैंने □

1. निर्मल

तकिये पे तेरे सर का वह टिप्पा है, पड़ा है
चादर में तेरे जिस्म की वह सोंधी-सी ख़ुशबू
हाथों में महकता है तेरे चेहरे का एहसास[1]
माथे पे तेरे होंटों की मोहर लगी है

तू इतनी क़रीब है कि तुझे देखूँ तो कैसे
थोड़ी-सी अलग हो तो तेरे चेहरे को देखूँ □

1. अभ्यास

कहाँ छुपा दी है रात तूने
कहाँ छुपाए हैं तूने अपने गुलाबी हाथों के ठंडे फाये
कहाँ हैं तेरे लबों के चेहरे
कहाँ है तू आज—तू कहाँ है ?

यह मेरे बिस्तर पे कैसा सन्नाटा सो रहा है ? □

बन्द शीशों के परे देख दरीचों[1] के उधर
सब्ज पेड़ों पे घनी शाख़ों पे फूलों पे वहाँ
कैसे चुपचाप बरसता है मुसलसल[2] पानी

कितनी आवाज़ें हैं, यह लोग हैं, बातें हैं मगर
ज़हन के पीछे किसी और ही सतह पे कहीं
जैसे चुपचाप बरसता है तसव्वुर[3] तेरा □

1. झरोखा, 2. लगातार, 3. कल्पना

रूह देखी है, कभी रूह को महसूस किया है ?
जागते जीते हुए दूधिया कोहरे से लिपटकर
साँस लेते हुए इस कोहरे को महसूस किया है ?

या शिकारे में किसी झील पे जब रात बसर हो
और पानी के छपाकों में बजा करती हों टलियाँ[1]
सुबकियाँ लेती हवाओं के वह बैन सुने हैं ?

चौदहवीं रात के बर्फ़ाब[2] से इस चाँद को जब
ढेर-से साये पकड़ने के लिए भागते हैं
तुमने साहिल[3] पे खड़े गिरजे की दीवार से लगकर
अपनी गहनाती हुई कोख को महसूस किया है ?

जिस्म सौ बार जले फिर वही मिट्टी का ढेला
रूह इक बार जलेगी तो वह कुन्दन होगी

रूह देखी है, कभी रूह को महसूस किया है ? □

1. घंटियाँ, 2. ठंडा, 3. किनारा, तट

उखाड़ दो अरज़-ओ-तूल[1] खूँटों से बस्तियों के
समेटो सड़कें, लपेटो राहें
उखाड़ दो शहर का कशीदा
कि ईंट-गारे से घर नहीं बन सका किसी का

पनाह मिल जाये रूह को जिसका हाथ छूकर
उसी हथेली पे घर बना लो
कि घर वही है
पनाह भी है

तुम्हारे हाथों में मैंने देखी थी एक अपनी लकीर, सोनाँ □

1. चौड़ाई और लम्बाई, विस्तार

एक लम्स
हल्का सुबुक[1]
और फिर लम्स-ए-तवील[2]–
दूर उफ़क़[3] के नीले पानी में उतरे जाते हैं तारों के हुजूम[4]
और थम जाते हैं सय्यारों[5] की गर्दिश के क़दम
ख़त्म हो जाता है जैसे वक़्त का लम्बा सफ़र
तैरती रहती है इक़ ग़ुंचे[6] के होंटों पे कहीं
एक बस निथरी हुई शबनम की बूँद

तेरे होंटों का बस इक लम्स-ए-तवील
तेरी बाँहों की बस एक सन्दली गिरह □

1. कोमल, 2. लम्बा स्पर्श, 3. क्षितिज, 4. तारापुंज, 5. ग्रह, 6. कली

दो सोंधे-सोंधे जिस्म जिस वक़्त एक मुट्ठी में सो रहे थे
लबों की मद्धम तवील सरगोशियों[1] में साँसें उलझ गई थीं
मुँदे हुए साहिलों पे जैसे कहीं बहुत दूर ठंडा सावन बरस रहा था–
बस एक ही रूह जागती थी

बता तो उस वक़्त मैं कहाँ था ?
बता तो उस वक़्त तू कहाँ थी ? □

1. चुपके-चुपके बातें करना।

कल की रात गिरी थी शबनम
हौले-हौले कलियों के बन्द होंटों पर बरसी थी शबनम
फूलों के रुख़सारों[1] से रुख़सार मिलाकर
नीली रात की चुनरी के साये में शबनम
परियों के अफ़सानों के पर खोल रही थी
दिल की मद्धम-मद्धम हलचल में दो रूहें तैर रही थीं
जैसे अपने नाज़ुक पंखों पर आकाश को तोल रही हों

कल की रात बड़ी उजली थी
कल की रात उजले थे सपने
कल की रात...तेरे संग गुज़री □

1. कपोल

पाँच बजे हैं
टी.वी. पर आनेवाले हफ़्ते की झाँकी
'इस हफ़्ते में...'

सोमवार जाना है तुमको–
टी.वी. पर इक ड्रामा होगा
फ़िल्म पुरानी–छाया गीत !

वीरवार तुम लन्दन होगी
तीन दिनों में...मैं और...
हिन्दोस्तान में हिन्दी और...
इंदिरा गांधी–तेहरान का दौरा
विएतनाम में आज़ादी का जश्न मनेगा–
शायद उस दिन ख़त आएगा–

पाँच बजे हैं
चंद घंटों के बाद तुम्हारा 'प्लेन' उड़ेगा। □

नज़्म उलझी हुई है सीने में
मिसरे अटके हुए हैं होंटों पर
उड़ते-फिरते हैं तितलियों की तरह
लफ़्ज़ काग़ज़ पे बैठते ही नहीं
कब से बैठा हुआ हूँ, मैं 'जानम',
सादे काग़ज़ पे लिखके नाम तेरा

बस तेरा नाम ही मुकम्मल[1] है
इससे बेहतर भी नज़्म क्या होगी □

1. पूरा

खोलकर बाँहों के दो उलझे हुए-से मिसरे
हौले से चूमके दो नींद से छलकी हुई पलकें
होंट से लिपटी हुई ज़ुल्फ़ को मिन्नत से हटाकर
कान पर धीमे से रख दूँगा जो आवाज़ के दो होंट
मैं जगाऊँगा तुम्हें नाम से 'सोनाँ—ओए सोनाँ !'

—और तुम धीरे से जब पलकें उठाओगी ना, उस वक़्त
दूर ठहरे हुए पानी पे सहर[1] खोलेगी आँखें
सुबह हो जाएगी तब सुबह ज़मीं पर □

1. सबेरा

ज़िक्र उस परीवश का और फिर बयाँ अपना
बन गया रक़ीब आख़िर था जो राज़दाँ अपना
—ग़ालिब

'ज़िक्र उस परीवश[1] का—'
जिसके गालों में टिप्पे पड़ते हैं
जिसके दाँतों में बर्क़[2] रखी है
खिलखिलाकर वह जब भी हँसती है
नाक भी फड़फड़ाके हँसती है

उसके कानों में सुर्ख़ बेर लटकाकर
जो मयस्सर थी कायनात[3] उसमें
और दो सय्यारे ढूँढे हैं

ज़िक्र उस परीवश का
और फिर बयाँ अपना...
मेरे शेरों में झाँकते हैं लोग
चुप रहूँ मैं तो खाँसते हैं लोग □

1. परी जैसा, 2. बिजली, 3. सृष्टि, ब्रह्मांड

रोज़ साहिल[1] पे खड़े होके इसे देखा है
शाम का पिघला हुआ सुर्ख़-ओ-सुनहरी रोग़न
रोज़ मटियाले-से पानी में यह घुल जाता है

रोज़ साहिल पे खड़े होके यही सोचा है
मैं जो पिघली हुई रंगीन शफ़क़[2] का रोग़न
पोंछ लूँ हाथों पे और चुपके से इक बार कहीं
तेरे गुलनार-से रुख़सारों पे छप-से मल दूँ–

तेरे गुलनार-से दहके हुए रुख़सारों पर
शाम का पिघला हुआ सुर्ख-ओ-सुनहरी रोग़न □

1. किनारा, तट, 2. सूर्यास्त की लालिमा

सुनहरी कूँजें जब उड़ते-उड़ते उफ़क़ की टहनी पे बैठ जाएँ
तुम्हारे कन्धों पे झुकके जब शाम बोसा ले ले
चिराग़ खोलें जब अपनी मद्धम उदास आँखें
तुम अपने चेहरे पे खींच लेना हया[1] का आँचल

मैं हौले-हौले मना के आँचल उतार लूँगा
तुम्हारे होंटों के ठंडे-ठंडे गुलाब आँख पे रख के मैं रात को
सुनाऊँगा फिर उसी नींद की कहानी
वह नींद जो जागते मिली थी तुम्हारी आग़ोश[2] के सुकूँ[3] में ! □

1. लाज, 2. गोद, आलिंगन, 3. शान्ति

फ़लक[1] पे उड़ते हैं ठंडे-ठंडे सुबुक जज़ीरे-से बादलों के
उफ़क़ के सिन्दूरी-से किनारे पिघल के पानी में बह रहे हैं
वसीअ'तर[2] हो गई है वुस'अत[3]–

तुम्हारी बाँहों में डूबकर ऐसे हल्का-हल्का-सा लग रहा है
कि जिस्म से जैसे सैकड़ों जिस्म उतर गए हैं
कि रूह से जैसे जिस्म का बोझ हट गया है □

1. आकाश, 2. अधिक विस्तृत, 3. विस्तार

मैं इसको, मुट्ठी-भर मिट्टी को लेकर
कहाँ से देखो तो मुड़कर कहाँ से

उफ़क़ के भी परे से, उस तरफ़ से
चला हूँ और चलता आ रहा हूँ

ज़मीं के इस किनारे तक जहाँ पर
तुम अपनी रूह की लौ को सँभाले

सुलगते जिस्म को मुट्ठी में लेकर
किसी की मुन्तज़िर[1] थीं, मुन्तज़िर हो □

1. प्रतीक्षा में

चौदहवीं रात के इस चाँद तले
सुरमई रात में साहिल के क़रीब
दूधिया जोड़े में आ जाए जो तू

ईसा के हाथों से गिर जाए सलीब[1]
बुद्ध का ध्यान उखड़ जाए, क़सम से
तुझको बरदाश्त न कर पाए ख़ुदा भी

दूधिया जोड़े में आ जाए जो तू
चौदहवीं रात के इस चाँद तले □

1. सूली

कसैली रात के हाथों पे रख दी चाँद की मिश्री
यह दिन रूठा हुआ था धूल में लिपटा हुआ कब से
तेरे आँचल से चेहरा पोंछकर बहला लिया उसको
मैं अपने ही गले से लग गया, नाराज़ था ख़ुद से

तेरे ग़म का नमक पीकर
बड़ी मीठी लगी है ज़िन्दगी, 'जानम' □

मैं कायनात में, सय्यारों में भटकता था
धुएँ में धूल में उलझी हुई किरन की तरह
मैं इस ज़मीं पे भटकता रहा हूँ सदियों तक
गिरा है वक़्त से कटकर जो लम्हा, उसकी तरह
वतन मिला तो गली के लिए भटकता रहा
गली में घर का निशाँ ढूँढ़ता रहा बरसों
तुम्हारी रूह में अब, जिस्म में भटकता हूँ

लबों से चूम लो आँखों से थाम लो मुझको
तुम्हारी कोख से जनमूँ तो फिर पनाह मिले □

दिल ढूँढ़ता है फिर वही फ़ुर्सत के रात-दिन
बैठे रहें तसव्वुर-ए-जानां[1] किए हुए
—ग़ालिब

'दिल ढूँढ़ता है फिर वही फ़ुर्सत के रात-दिन'

जाड़ों की नर्म धूप और आँगन में लेटकर
आँखों पे खींचकर तेरे आँचल के साये को
औंधे पड़े रहें, कभी करवट लिये हुए

या गर्मियों की रात जब पुरवाइयाँ चलें
ठंडे सफ़ेद बिस्तर पर जागें देर तक
तारों को देखते रहें छत पर पड़े हुए

बर्फ़ीली सर्दियों की किसी रात में कभी
जाकर उसी पहाड़ के कोने में बैठकर
वादी में गूँजती हुई ख़ामोशियाँ सुनें

'दिल ढूँढ़ता है फिर वही फ़ुर्सत के रात-दिन
बैठे रहें तसव्वुर-ए-जानां किए हुए' □

1. प्रेयसी की कल्पना

सिर्फ़ एहसास कि तुम पास हो, बस
सिर्फ़ एहसास कि नज़दीक हो तुम

अनगिनत लोगों में घबराई हुई
अजनबी आँखों से लजायी हुई
तन पे लगती हैं चिपकती आँखें
बर्फ़-सी ठंडी, सुलगती आँखें
अनगिनत नज़रों में उलझा, लिपटा,
अनगिनत चेहरों में रक्खा चेहरा
सैकड़ों तागों में उलझाई हुई
सहमी सिमटी हुई, शरमाई हुई

सिर्फ़ एहसास है कि पास हो तुम
सिर्फ़ एहसास कि नज़दीक हो, बस □

तेरी आँखों से ही खुलते हैं सवेरों के उफ़क़
तेरी आँखों से ही बन्द होती है यह सीप की रात
तेरी आँखें हैं या सिज्दे में हैं ग़मगीन नमाज़ी

पलकें खुलती हैं तो यूँ गूँज के उठती है नज़र
जैसे मन्दिर से जरस[1] की चले नमनाक सदा
और झुकती हैं तो बस जैसे अज़ाँ ख़त्म हुई हो
तेरी आँखें, तेरी ठहरी हुई ग़मगीन-सी आँखें

तेरी आँखों से ही तख़लीक़ हुई है, सच्ची,
तेरी आँखों से ही तख़लीक़ हुई है यह हयात □

1. घंटा

मेरी गोदी में पड़ा, रात की तन्हाई में अक्सर
जिस्म जलता है तेरे जिस्म को छूने के लिए
हाथ उठते हैं तेरी लौ को पकड़ने के लिए
साँसें खिंच-खिंचके चटख़ जाती हैं तागों की तरह
हाँप जाती है बिलखती हुई बाँहों की तलाश

और हर बार यही सोचा है तन्हाई में मैंने
अपनी गोदी से उठाकर यही तेरी गोद में रख दूँ
रूह की आग में यह आग भी शामिल कर दूँ □

पूरनमाशी की रात जंगल में
जब कभी चाँदनी बरसती है
पत्तों में टिक्लियाँ-सी बजती हैं

पूरनमाशी की रात जंगल में
नीले शीशम के पेड़ के नीचे
बैठकर तुम कभी सुनो, 'जानम',
चाँदनी में घुली हुई मद्धम
भीगी-भीगी उदास आवाज़ें
नाम लेकर पुकारती हैं तुम्हें

कितनी सदियों से ढूँढ़ती होंगी
तुमको ये चाँदनी की आवाज़ें □

तुम्हारे होंटों की ठंडी-ठंडी तलावतें[1] झुक के
मेरी आँखों को छू रही हैं
मैं अपने होंटों से चुन रहा हूँ तुम्हारी साँसों की आयतों को
लबों के जुड़वाँ फ़रिश्ते जुड़वाँ लबों को आज़ान दे रहे हैं
कि जिस्म के इस हसीन काबे पे रूह सिज्दे बिछा रही है

वह एक लम्हा बड़ा मुक़द्दस[2] था जिसमें तुम जन्म ले रही थीं
वह एक लम्हा बड़ा मुक़द्दस था जिसमें मैं जन्म ले रहा था।

यह एक लम्हा बड़ा मुक़द्दस है जिसको हम जन्म दे रहे हैं
खुदा ने ऐसे ही एक लम्हे में सोचा होगा–
हयात[3] तख़लीक़[4] करके लम्हे के लम्स को जाविदाँ[5] भी कर दे □

1. क़ुरान की आयतों का पाठ, 2. पवित्र, 3. जीवन, 4. सृजन, 5. अमर

रंग-बिरंगे हसीन काग़ज़ से
ख़ूबसूरत तराशकर बेलें
देवताओं के बुत जमा करके
रोज़ लोबान का धुआँ देकर
घर को मन्दिर बनाके रखा था

जब से ग़ुलदान में मगर तुमने
खिलते मुरझाते फूल रखे हैं
जब से शामिल किया है साँसों में
ज़िन्दगी के हसीं गुनाहों को
मन्दिर को घर बना लिया हमने □

सुनहरे मन्दिर की घंटियों का तिलिस्म खुलकर बिखर चुका है
सफ़ेद मसजिद के गुम्बदों में अज़ाँ की आवाज़ बुझ गई है
पिघल के बह जाएगी अभी माहताब[1] की बूँद भी फ़लक से
हर एक आहट लरज़ के ख़ामोश हो गई है।

हज़ार टूटी शिकस्ता रातों के दर्द में भी
तुम्हारे हाथों का लम्स माथे पर रख के बीमार सो रहा है
खामोश झीलों में आज की रात पुरसुकूँ[2] नींद बह रही है □

1. चाँद, 2. शान्तिपूर्ण

क़ुरान हाथों में ले के नाबीना[1] इक नमाज़ी
लबों पे रखता था, दोनों आँखों से चूमता था
झुका के पेशानी यूँ अक़ीदत[2] से छू रहा था
जो आयतें[3] पढ़ नहीं सका उनके लम्स महसूस कर रहा हो
मैं हैराँ-हैराँ गुज़र गया था
मैं हैराँ-हैराँ ठहर गया हूँ

तुम्हारे हाथों को चूमकर, छूके अपनी आँखों से आज मैंने
जो आयतें पढ़ नहीं सका, उनके लम्स महसूस कर लिये हैं □

1. अन्धा, 2. श्रद्धा, 3. क़ुरान के वाक्य

साँस की कँपकँपी नहीं जाती
ज़ख़्म भरते नहीं हैं आँखों के
दर्द के एक-एक रेशे को
खींचकर यूँ उधेड़ता है दिल
जिस्म की एड़ियों से चोटी तक
तार-सा इक निकलता जाता है
रूह की चीख़ घोंट रक्खी है
आह भींचे हुए हूँ दाँतों में

तुमने भेजा तो है सहेली को
जिस्म के ज़ख़्म देख जाएगी
रूह का दर्द कौन देखेगा ? □

चार तिनके उठा के जंगल से
एक बाली अनाज की लेकर
चंद क़तरे-से बासी अश्कों[1] के
चंद फ़ाक़े बुझे हुए लब पर
मुट्ठी भर अपनी क़ब्र की मिट्टी
मुट्ठी भर आरज़ूओं का गारा
एक तामीर[2] की लिये हसरत
तेरा ख़ानाबदोश बेचारा
शहर में दर-ब-दर भटकता है

तेरा कंधा मिले तो सर टेकूँ □

1. आँसू, 2. निर्माण

न गुदगुदाओ कि आँसू उबल पड़ें न कहीं
उदास रहने दो मुझको सुकूते-दर्द[1] लिये
तुम्हारी आँखें महकती हैं इस उदासी में
तुम्हारी साँसों के सुर गुनगुनाया करते हैं
तुम्हारे होंट मुझे देखते हैं हैराँ-से
मेरी उदासी का चेहरा तुम्हारा चेहरा है

उदास रहने दो मुझको सुकूते-दर्द लिये □

1. पीड़ा की शान्ति

खिड़कियाँ बन्द हैं दीवारों के सीने ठंडे
पीठ फेरे हुए दरवाज़ों के चेहरे चुप हैं
मेज़-कुर्सी है कि ख़ामोशी के धब्बे-धब्बे
फ़र्श में दफ़्न हैं सब आहटें सारे दिन की
सारे माहौल पे ताले-से पड़े हैं चुप के
सारे माहौल पे पथराई हुई चुप-सी लगी है

तेरी आवाज़ की इक बूँद जो मिल जाए कहीं से
रात बच जाएगी ये आख़िरी साँसों पे पड़ी है □

जैसे झन्ना के चटख़ जाए किसी साज़ का इक तार
जैसे रेशम की किसी डोर से कट जाती है उँगली
ऐसे इक ज़र्ब[1]-सी पड़ती है कहीं सीने के अन्दर
खींचकर तोड़नी पड़ जाती हैं जब तुझसे निगाहें

तेरे जाने की घड़ी, आह, बड़ी सख़्त घड़ी है □

1. चोट, आघात

तुम्हारे ग़म की डली उठाकर
ज़ुबाँ पर रख ली है देखो मैंने
वह क़तरा-क़तरा पिघल रही है
मैं क़तरा-क़तरा ही जी रहा हूँ
पिघल-पिघलकर गले से उतरेगी आख़िरी बूँद दर्द की जब
मैं साँस की आख़िरी गिरह को भी खोल दूँगा– □

आओ तुमको उठा लूँ कन्धे पर
तुम उचककर शरीर होंटों से
चूम लेना यह चाँद का माथा

आज की रात देखा ना तुमने
कैसे झुक-झुक के कोहनियों के बल
चाँद इतने क़रीब आया है □

वह शब जिसको तुमने गले से लगाकर
मुक़द्दस लबों की हसीं लोरियों में
सुलाया है सीने पे हर रोज़ जिसको तिलिस्मी जज़ीरों की
लम्बी कहानी सुनाकर

वह शब
वह शब जिसकी आदत बिगाड़ी है तुमने

वह बेचारी शब आज बिस्तर पे औंधी पड़ी रो रही है □

ठंडी साँसें न पालो सीने में
लम्बी साँसों में साँप रहते हैं
ऐसी ही एक साँस ने इक बार
डस लिया था हसीं क्लोपेत्रा को

मेरे होंटों पे अपने लब रखकर
फूँक दो सारी साँसों को 'बीबा'

मुझको आदत है ज़हर पीने की □

एक बेचारी नज़्म के पीछे
सैकड़ों रोज़मर्रा के मसले
तेज़ नेज़े[1] उठा के भागते हैं
मुन्तशिर[2] ज़हन के बियाबाँ[3] में

दास्तानों की 'बीबा' शहज़ादी
लीरा-लीरा-सा पैरहन[4] पहने
हाँपती-हाँपती बदहवास बेचारी
मुझसे आकर पनाह माँगती है

एक बेचारी नज़्म की इस्मत[5]
सैकड़ों रोज़गार के मसले □

1. भाले, 2. छिन्न-भिन्न, बिखरा हुआ, 3. निर्जन, 4. वस्त्र, 5. शील, सतीत्व

मैं अपने घर में ही अजनबी हो गया हूँ आकर
मुझे यहाँ देखकर, मेरी रूह डर गई है
सहम के सब आरज़ुएँ कोनों में जा छुपी हैं
लवें बुझा दी हैं अपने चेहरों की हसरतों ने
कि शौक़ पहचानता नहीं है...
मुरादें दहलीज़ ही पे सर रख के मर गई हैं

मैं किस वतन की तलाश में यूँ चला था घर से
कि अपने घर में भी अजनबी हो गया हूँ आकर □

इस मोड़ से जाते हैं कुछ सुस्त-क़दम रस्ते, कुछ तेज़-क़दम राहें
पत्थर की हवेली को, शीशे के घरौंदों में, तिनकों के नशेमन[1] तक
इस मोड़ से जाते हैं, कुछ सुस्त-क़दम रस्ते, कुछ तेज़-क़दम राहें

सहरा[2] की तरफ़ जाकर, इक राह बगूलों में खो जाती है चकराकर
रुक-रुक के झिलकती-सी, इक मौत की ठंडी-सी वादी[3] में उतरती है
इक राह उधड़ती-सी छिलती हुई काँटों से, जंगल से गुज़रती है–
इक दौड़ के जाती है और कूद के गिरती है, अनजानी ख़लाओं में

उस मोड़ पे बैठा हूँ जिस मोड़ से जाती हैं, हर-एक तरफ़ राहें
इक रोज़ तो यूँ होगा, इस मोड़ पे आकर तुम
रुक जाओगी, कह दोगी
वह कौन-सा रस्ता है
जिस राह पे जाना है □

1. घोंसला, 2. रेगिस्तान, 3. घाटी

क़दम उसी मोड़ पर जमे हैं
नज़र समेटे हुए खड़ा हूँ
जुनूँ[1] यह मजबूर कर रहा है पलट के देखूँ
ख़ुदी[2] यह कहती है मोड़ मुड़ जा
अगर्चे एहसास कह रहा है
खुले दरीचे के पीछे दो आँखें झाँकती हैं
अभी मेरे इंतज़ार में वह भी जागती है
कहीं तो उसके भी गोशा-ए-दिल[3] में दर्द होगा।

उसे यह ज़िद है कि मैं पुकारूँ
मुझे तक़ाज़ा है वह बुला ले
क़दम उसी मोड़ पर जमे हैं
नज़र समेटे हुए खड़ा हूँ □

1. उन्माद, 2. स्वाभिमान, 3. दिल का कोना

खलाओं में तैरते जज़ीरों पे चम्पई धूप पक गई है
फ़लक पे क़ौसों[1] ने लेके अँगड़ाई दायरे-से बना लिये हैं
अधूरी क़ौसों ने अपनी तकमील ढूँढ़ ली है

उफ़क़ की इस हद से उस उफ़क़ तक
शफ़क़ के सब ज़र्द-ज़र्द-से फूल खिल के गुलनार हो गए हैं
वह कच्ची-कच्ची सी चाँदनी जो मेरे लहू में घुली हुई थी
तुम्हारे उजले बदन की लौ छूके जैसी कुन्दन-सी हो गई है
तुम्हारी बाँहों में देखो कैसे जवाँ-जवाँ हो गया है 'गुलज़ार' □

1. इन्द्रधनुष (बहुवचन)

यह शायर जन्म से जो साथ है मेरे
इसी ने चाँदनी की रेत भर-भर के मेरे सीने में डाली है
हमेशा ज़िन्दगी से दर्द चुन-चुनकर मेरी आँखों पे मारे हैं
हमेशा भींचकर दाँतों से छीला है मेरी रूह को
इसी ने साँस की जलती ख़राशों को कुरेदा है
उँड़ेला है मेरे कन्धों पे जलता खौलता शोरा
यही कहता था मुझको, 'दर्द से पहचान मिलती है'

ख़ुद अपने दर्द से घबरा गया है आज यह शायर
मुझे कहता है, 'चल आ, ख़ुदकुशी कर लें' □

रात चुपचाप दबे पाँव चली जाती है
रात ख़ामोश है, रोती नहीं, हँसती भी नहीं
काँच का नीला-सा गुम्बद है, उड़ा जाता है
ख़ाली-ख़ाली कोई बजरा-सा बहा जाता है

चाँद की किरनों में वह रोज़-सा रेशम भी नहीं
चाँद की चिकनी डली है कि घुली जाती है
और सन्नाटों की इक धूल उड़ी जाती है

काश इक बार कभी नींद से उठकर तुम भी
हिज्र[1] की रातों में यह देखो तो क्या होता है □

1. विरह

चौक से चलकर, मंडी से, बाज़ार से होकर
लाल गली से गुज़री है, काग़ज़ की कश्ती
बारिश के लावारिस पानी में बैठी बेचारी कश्ती
शहर की आवारा गलियों में सहमी-सहमी पूछ रही है
कश्ती का साहिल होता है
मेरा भी कोई साहिल होगा

एक मासूम-से बच्चे ने
बेमानी को मानी देकर
रद्दी के काग़ज़ पर कैसा ज़ुल्म किया है □

नज़र से नज़र पार तक बेकराँ[1] एक बंजर ज़मीं, एक
चटियल-सा मैदाँ
बरसता है जलता हुआ धूप का गर्म सीसा
यह तेज़ाब-सी तेज़ तनहाई में दौड़ते-दौड़ते साँस उखड़ने लगी है

कहाँ तक यूँ ही दौड़ता जाऊँगा मैं
कहाँ तक यूँ ही भागता जाऊँगा मैं
न जाने यह तनहाई कब ख़त्म होगी
न जाने कहाँ पर मिलेगा किनारा

किनारे पे तुमने कहा था ना आँचल का साया मिलेगा □

1. अनन्त

खड़खड़ाता है आह सारा बदन
खपच्चियाँ जैसे बाँध रक्खी हैं
खोखले बाँस जोड़ रक्खे हों
कोई रस्सी कहीं से खुल जाए
रिश्ता टूटे कहीं से जोड़ों का
और बिखर जाए जिस्म का पंजर

इस बदन में यह रूह बेचारी
बाँसुरी जानकर चली आई
समझी होगी कि सुर मिलेंगे यहाँ □

बहुत-सें हाथ उतरने लगे हैं, कन्धों पर
बहुत-सी उँगलियाँ जुड़ने लगी हैं हाथों में
सलाम करते हैं वह लोग छूके माथे को
'वलाम' कहते थे जो सर की एक जुंबिश से
हँसी की राल टपकती है लोगों के मुँह से
ख़ुलूस-ओ-शौक़[1] हथेली पे रख के लाते हैं
बड़े तपाक से मिलते हैं मिलनेवाले मुझे

हुई है तुझसे जो निस्बत[2] उसी का रादक़ा[3] है
वगरना...
'वगरना शहर में ग़ालिब की आबरू क्या है' □

1. हार्दिकता और उत्सुकता, 2. सम्बन्ध, 3. न्योछावर करके दी गई चीज़

साँस तेज़ाब की तरह जलकर
ऐसे कौंदी है सारे सीने में
छाले-छाले-से पड़ गए जैसे
ज़र्ब-सी चिर गई है सीने में
सुनके नादान दोस्त का ताना
'क्यों न ग़म रास आएँगे उसको
जिसको दौलत मिले बदौलते-दिल'[1]

ऐसे लोगों का क्या करे कोई
नोच देते हैं ज़र्द चम्पा को
ज़र्रे सोने के ढूँढ़ा करते हैं
और ख़ुशबू...वह उनकी चीज़ नहीं □

1. दिल की वजह से

कोई चिंगारी नहीं जलती कहीं ठंडे बदन में
साँस के टूटे हुए तागे लटकते हैं गले से
बुलबुले पानी के अटके हुए बर्फ़ाब लहू में
नींद पथराई हुई आँखों पे बस रखी हुई है
रात बेहिस[1] है मेरे पहलू में लकड़ी-सी पड़ी है

कोई चिंगारी नहीं जलती कहीं ठंडे बदन में
बाँझ होगी वह कोई, जिसने मुझे जन्म दिया है □

1. निश्चेत

सुर वही, साज़ों पे चलती हुई आवाज़ वही
हाँ, वही रंग है, महकी हुई ख़ुशबू भी वही
अब भी शाख़ों पे वही शबनमी क़तरे-क़तरे
अब भी चलती है सबा[1] पत्तों पे पाँव रखकर
झुक के पानी में ताका करती है चेहरा लेकिन

एक सुर और है ख़ामोशी की आवाज़ के साथ
तेरी आवाज़ से लटका हुआ ख़ामोशी का सुर □

1. सुबह की हलकी ठंडी हवा

मैंने रक्खी हुई है आँखों पर
तेरी ग़मगीन-सी उदास आँखें
जैसे गिरजे में रक्खी ख़ामोशी
जैसे रहलों[1] पे रक्खी इंजीलें[2]

एक आँसू गिरा दो आँखों से
कोई आयत मिले नमाज़ी को
कोई हर्फ़-ए-कलाम-ए-पाक[3] मिले □

1. खुली किताब रखने के लिए दो तिरछे तख़्तों को आर-पार जोड़कर बनाई गई टेक, 2. ईसाइयों का पवित्र ग्रन्थ बाइबल, 3. पवित्र ग्रन्थ (क़ुरान) का अक्षर

फिर वही रात, वही दर्द, वही ग़म की कसक
फिर उसी दर्द ने सीने में जलाया सन्दल
फिर वही यादों के बजते हैं तिलिस्मी घुँघरू

दूधिया चाँदनी पहने हुए अँगूरी बदन
और आवाज़ में पिघली हुई चाँदी लेकर
कोई अनजानी-सी राहों से चला आता है

संगे-मर्मर के तराशे हुए बुत जागते हैं
संगे-मर्मर के तराशे हुए बुत बोलते हैं
आज की रात वही दर्द की तनहाई की रात

दर्द तनहाई का शायद तुझे मालूम नहीं
काश, इक बार तो तुझको भी यह ज़हमत होती □

मैं छाँव-छाँव चला था अपना बदन बचाकर
कि रूह को एक ख़ूबसूरत-सा जिस्म दे दूँ
न कोई सिलवट, न दाग़ कोई
न धूप झुलसे, न चोट खाये
न ज़ख़्म छूए, न दर्द पहुँचे
बस एक कोरी कुँवारी सुबह का जिस्म पहना दूँ रूह को मैं

मगर तपी जब दोपहर दर्दों की, दर्द की धूप से जो गुज़रा
तो रूह को छाँव मिल गई है

अजीब है दर्द और तस्कीं[1] का साँझा रिश्ता
मिलेगी छाँव तो बस कहीं धूप में मिलेगी □

1. शान्ति, तुष्टि

तुमने सोचा तो होगा—देखा नहीं
खुश्क सहारा पे जब बरस जाए
एक छलका हुआ, भरा सावन
देर तक सहरा सुन्न रहता है—

एक बेवजह-सी उम्मीद लिये
अबके शायद कहीं कोई कोंपल
जनम लेती हुई नज़र आयए
बाँझ मिट्टी की गोद भर जाए □

न-न, रहने दो, मत मिटाओ इन्हें
इन लकीरों को यूँ ही रहने दो
नन्हे-नन्हे गुलाबी हाथों से
मेरे मासूम नन्हे बच्चे ने
टेढ़ी-मेढ़ी लकीरें खींची हैं

क्या हुआ 'शक्ल' बन सकी न अगर

मेरे बच्चे के हाथ हैं इनमें
मेरी पहचान है लकीरों में □

सितारे लटके हुए हैं तागों से आस्माँ पर
चमकती चिंगारियाँ-सी चकरा रही आँखों की पुतलियों में
नज़र पे चिपके हुए हैं कुछ चिकने-चिकने-से रोशनी के धब्बे
जो पलकें मुँदूँ तो चुभने लगती हैं रोशनी की सफ़ेद किरचें

मुझे मेरे मख़मली अँधेरों की गोद में डाल दो उठाकर
चटकती आँखों पे घुप अँधेरों के फाये रख दो
यह रोशनी का उबलता लावा न अन्धा कर दे □

धूल-मिट्टी में अटा, हाँपा, थका, हारा हुआ
शोर-ओ-ग़ुल जिस्म से लिपटा हुआ, झुँझलाया हुआ
साँस फूली हुई, झुलसा हुआ, कुम्हलाता हुआ
भागता-दौड़ता दीवारों से टकराता हुआ

रात के आने से पहले ही कहीं, काश, यह दिन
गिर के मर जाए किसी ठंडे-से साहिल के क़रीब
रात आएगी तो फिर ज़ख़्म कुरेदेगी मेरे ☐

देखो आहिस्ता चलो, और भी आहिस्ता ज़रा
देखना, सोच-सँभलकर ज़रा पाँव रखना
ज़ोर से बज न उठे पैरों की आवाज़ कहीं
काँच के ख़्वाब हैं बिखरे हुए तनहाई में
ख़्वाब टूटे न कोई, जाग न जाए देखो

जाग जाएगा कोई ख़्वाब तो मर जाएगा □

गिरा दो पर्दा कि दास्ताँ ख़ाली हो गई है
गिरा दो पर्दा कि ख़ूबसूरत उदास चेहरे ख़ला में तहलील[1] हो गए हैं
ग़रीब आँखों से रूठकर एक-एक आँसू उतर गया है
आवाज़ें अपने सुरों से उठकर चली गई हैं

बस एक एहसास की ख़ामोशी है—गूँजती है
बस एक तकमील का अँधेरा है—जल रहा है। □

1. विलीन

किस क़दर सीधा सहल साफ़ है यह रस्ता देखो
न किसी शाख़ का साया है, न दीवार की टेक
न किसी आँख की आहट, न किसी चेहरे का शोर
न कोई दाग़ जहाँ बैठ के सुस्ताये कोई
दूर तक कोई नहीं, कोई नहीं, कोई नहीं

चन्द क़दमों के निशाँ, हाँ, कभी मिलते हैं कहीं
साथ चलते हैं जो कुछ दूर फ़क़त चन्द क़दम
और फिर टूट के गिरते हैं यह कहते हुए
अपनी तनहाई लिये आप चलो, तन्हा, अकेले
साथ आए जो यहाँ, कोई नहीं, कोई नहीं–
किस क़दर सीधा, सहल साफ़ है यह रस्ता देखो □

धूप ने आँखों पे तेज़ाब के छींटे मारे
और आवाज़ों ने कानों को पकड़कर छेदा
आँधियाँ तोड़ के माथे से लकीरें भागीं
अजनबी हाथों ने पसली से पकड़कर खींचा
वक़्त ने गाड़ दीं नाख़ूनों में कीलें जैसे

अब न ढूँढूँगा मैं तनहाई से बाहर ख़ुद को
अब न इस खोह से निकलूँगा अगर ज़ोर चला
अब न इस खोह से निकलूँगा अगर ज़ोर चला □

यूँ भी कभी हुआ है, अकेली-सी शाम में
धुँधले-से इक चिराग़ के चेहरे के पास-पास
सरगोशियाँ-सी ढूँढ़ते हैं जब तुम्हारे होंट
साये-से डोलते हैं तुम्हारी आवाज़ के

आँखों में यूँ बिलक के मचलती है एक बूँद
जैसे यतीम[1] होटों पे मचले तुम्हारा नाम □

1. अनाथ

एक ही ख़्वाब कई बार यूँ ही देखा है मैंने
तूने साड़ी में उरस ली हैं मेरी चाबियाँ घर की
और चली आई है बस यूँ ही मेरा हाथ पकड़कर
घर की हर चीज़ सँभाले हुए अपनाए हुए तू

तू मेरे पास मेरे घर पे, मेरे साथ है 'सोनूँ'

मेज़ पर फूल सजाते हुए देखा है कई बार
और बिस्तर से कई बार जगाया भी है तुझको
चलते-फिरते तेरे क़दमों की वह आहट भी सुनी है

गुनगुनाती हुई निकली है ग़ुसलख़ाने से जब भी
अपने भीगे हुए बालों से टपकता हुआ पानी
मेरे चेहरे पर छटक देती है तू सोनूँ की बच्ची

फ़र्श पर लेट गई है तू कभी रूठ के मुझसे
और कभी फ़र्श से मुझको भी उठाया है मनाकर
ताश के पत्तों पे लड़ती है कभी खेल में मुझसे
और कभी लड़ती भी ऐसे है कि बस खेल रही है
और आग़ोश में नन्हे को...

आह...यह ख़्वाब...मेरा ख़्वाब...मेरा ख़्वाब
और मालूम है ? जब देखा था ये ख़्वाब तुम्हारा
अपने बिस्तर पे मैं उस वक़्त पड़ा जाग रहा था □

धूप की गर्द को जब पोंछ के पंखों-से परिन्दे[1]
आशियानों[2] की तरफ़ लौट के आते हैं ज़मीं पर
और पलकों की तरह शाम उतरती है फ़लक से

अपने दरवाज़े पे इक लौ का लगा देता हूँ टीका
तुम अगर लौट के आओ तो यह दरवाज़ा न भूलो □

1. पक्षी, 2. घोंसला ('जीवनानन्द' की एक बंगाली कविता से मुतास्सर होकर।)

बर्फ़ पिघलेगी जब पहाड़ों से
और वादी से कोहरा सिमटेगा
बीज अँगड़ाई लेके जागेंगे
अपनी अलसाई आँखें खोलेंगे
सब्ज़ा बह निकलेगा ढलानों पर

ग़ौर से देखना बहारों में
पिछले मौसम के भी निशाँ होंगे
कोंपलों की उदास आँखों में
आँसुओं की नमी बची होगी □

ज्ञानी

वह जो शायर था,
बहकी-बहकी-सी बातें करता था
आँखें कानों पे रख के सुनता था
गूँगी ख़ामोशियों की आवाज़ें
जमा करता था चाँद के साये
गीली-गीली-सी नूर की बूँदें
ओक में भर के खड़खड़ाता था
रूखे-रूखे-से रात के पत्ते
वक़्त के इस घनेरे जंगल में
कच्चे-पक्के-से लम्हे चुनता था

हाँ, वही, वह अजीब-सा शायर
रात को उठके कोहनियों के बल
चाँद की ठोड़ी चूमा करता था

चाँद से गिर के मर गया है वह
लोग कहते हैं ख़ुदकशी की है □

ख़ाली डिब्बा है फ़क़त, खोला हुआ, चीरा हुआ
यूँ ही दीवारों से भिड़ता हुआ, टकराता हुआ
बेवजह सड़कों पे बिख़रा हुआ, फैलाया हुआ
खड़खड़ाता हुआ बस ख़ाली लुढ़कता हुआ डिब्बा

यूँ भी होता है कोई ख़ाली-सा बेकार-सा दिन
ऐसा बेरंग-सा बेमानी-सा बेनाम-सा दिन □

जी में आता है कि इस कान में सूराख़ करूँ
खींचकर दूसरी जानिब से निकालूँ उसको
सारी की सारी निचोड़ूँ ये रगें साफ़ करूँ
भर दूँ रेशम की जलाई हुई भुक्की इनमें

क़हक़हाती हुई इस भीड़ में शामिल होकर
मैं भी इक बार हँसूँ, ख़ूब हँसूँ, ख़ूब हँसूँ □

सूरज के ज़ख़्मों से रिसता लाल लहू
दूर उफ़क़ से बहते-बहते साहिल तक आ पहुँचा है
किरणें मिट्टी फाँक रही हैं
साये अपना पिंड छुड़ाकर भाग रहे हैं
थोड़ी देर में लहराएगा चाँद का परचम[1]

रात ने फिर रन जीत लिया है
आज का दिन फिर हार गया हूँ □

1. झंडा

आओ फिर नज़्म कहें
फिर किसी दर्द को सहलाके सुजा लें आँखें
फिर किसी दुखती हुई रग से छुआ दें नश्तर
या किसी भूली हुई राह पे मुड़कर इक बार
नाम लेकर किसी हमनाम को आवाज़ ही दे लें
फिर कोई नज़्म कहें □

मजलिस-ए-शाम[1] उठे देर हुई
साज़ मुँह ढाँप के सब सो भी चुके
शामियाने में लटकते हैं अभी रात के जाले
दामन-ए-शब[2] पे लटकता है अभी चाँद का पैवंद □

1. संध्या की सभा, 2. रात का आँचल

साँस लेना भी कैसी आदत है
जिए जाना भी क्या रवायत[1] है
कोई आहट नहीं बदन में कहीं
कोई साया नहीं है आँखों में
पाँव बेहिस हैं, चलते जाते हैं
इक सफ़र है जो बहता रहता है
कितने बरसों से कितनी सदियों से
जिए जाते हैं, जिए जाते हैं

आदतें भी अजीब होती हैं □

1. प्रथा

आड़ से होके घने पेड़ों के पीछे से कभी
और कभी शहर की दीवार से लगते-छुपते
कौड़ियालों[1] से बच-बच के निकल आई है रात
हाथ में चाँद की चमकीली अठन्नी लेकर
घर से भागी है किसी मेले में जाने के लिए
आह ! यह छोटी-सी मासूम-सी बेचारी यह रात

जी में आता है कि बस हाथ पकड़कर इसको
सुबह के मेले में ले जाऊँ, खिलौने ले दूँ □

1. ज़हरीला साँप

आदमी बुलबुला है पानी का
और पानी की बहती सतह पर
टूटता भी है, डूबता भी है
फिर उभरता है, फिर से बहता है

न समन्दर निगल सका इसको
न तवारीख़[1] तोड़ पाई है

वक़्त की हथेली पर बहता
आदमी बुलबुला है पानी का □

1. इतिहास

औज़ार कोई
तरकीब कोई
न जाने कहाँ क्या अटका है
न जाने कहाँ क्या 'जाम' हुआ
यह रात कि बन्द होती ही नहीं
यह दिन है कि उफ़ खुलता ही नहीं

औज़ार कोई
तरकीब कोई □

वक़्त के पहिए से बाँधी हुई मुजरिम रूहें
हर दफ़ा पिस के ही उठती हैं ज़मीं से लेकिन
हर दफ़ा लौट के आ जाती हैं पिसने के लिए
फिर कोई दायरा है खींच ही लाता है इन्हें

जिस्म पिसते भी हैं, कट जाते हैं, मिट जाते हैं
एक यह रूह है मिटती नहीं, कटती भी नहीं □

धुँधलाई हुई शाम थी अलसाई हुई-सी
और वक़्त भी बासी था जब आया था शहर में
हर शाख़ से लिपटे हुए सन्नाटे खड़े थे
दीवारों से चिपकी हुई ख़ामोशी पड़ी थी
राहों में कोई नफ़्स[1], न परछाईं, न साया
और गलियों में कूचों में अँधेरा न उजाला
दरवाज़ों के पट बन्द थे ख़ाली थे दरीचे
बस वक़्त के कुछ बासी-से टुकड़े थे, पड़े थे

मैं घूमता-फिरता था अकेला ही शहर में
दरवाज़ों पे आवाज़ लगाता था 'कोई है'
हर मोड़ पे रुक जाता था शायद कोई आए
लेकिन कोई आहट कोई साया भी न आया

और अचानक यह शहर नींद से अब जाग पड़ा है

आवाज़ें हिरासत में लिये मुझको खड़ी हैं
चिल्लातीं हैं, गुर्राती हैं आवाज़ें ये मुझ पर
हर मोड़ पर आवाज़ों के अब झुंड खड़े हैं
आवाज़ों के इस शहर में मैं क़ैद पड़ा हूँ
खुद मेरी आवाज़ों ने मुझे घेर लिया है
जिस राह से आया था—वह भूल गया हूँ □

---

1. प्राणी

हसीन नामों से उजली राहें जड़ी हुई हैं
तवील राहें
ये सीधी लम्बी तवील सड़कें
हुमक के उठता है कोई रस्ता
फिसल के गिरते हैं रहगुज़र के क़दम कहीं पर
कहीं पे हमवार[1] मोड़ मुड़ता है कोई रस्ता
किसी की मंज़िल
किसी के साथी
हर इक क़दम पे शफ़ीक़[2] बाँहें खड़ी हुई हैं
हसीन नामों से उजली राहें जड़ी हुई हैं

मैं रास्तों में भटक रहा हूँ
हसीन नाम-ओ-निशाँ में पाँव उलझ रहे हैं □

1. समतल, 2. स्नेह-भरी

गोल गुम्बद-सा, बहुत ऊँचा, बड़ा ऊँचा-सा गुम्बद
और इस ऊँचे बहुत ऊँचे-से लोहे के फ़लक पर
टाँग रक्खा है दहकता हुआ इक आग का पत्थर
पहरों जलता है तो इक बूँद पिघलती है कहीं
आग से टूटी हुई, पिघली हुई आग की बूँद

बूँद गिरती है तो इक गूँज-सी उठती है ख़ला में
और इक लम्हा गिरा, लम्हा गिरा वक़्त से कटकर
आग से टूटा हुआ, पिघला हुआ, आग-सा लम्हा □

हँसी की झाग उड़ाओ चमकती किरनों में
खिलेंगे रंग हसीं बुलबुलों के चेहरों पर
ये गोल-गोल बताशे उछालो झोली से
बरातियों से कहो लूटें खिलखिला के हँसें
नज़र में महके हसीं मुस्कुराहटों की झड़ी
लबों से ऊँचे हसीं क़द के क़हक़हे छूटें।

हाँ, कोई आँसू अगर आँख से उबलने लगे
ज़मीं पे फेंक के पैरों से मार दो उसको
यह ज़िन्दा बूँद है बेटी—दहेज माँगेगी □

मिटा दो सारे निशाँ कि थे तुम
हिलो तो जुम्बिश न हो कहीं पर
उड़ो तो ऐसे कि कोई पत्ता हिले न जागे
लिबास का एक-एक तागा उतारकर यूँ उठो कि आहट से
छू न जाओ

अभी यहीं थे
अभी नहीं हो
ख़्याल रखना कहीं कोई ज़िन्दगी की सिलवट न मौत के पाक साफ़
चेहरे के साथ जाए □

इतनी मोहलत कहाँ कि घुटनों से
सर उठाकर फ़लक को देख सको
अपने टुकड़े उठाओ दाँतों से
ज़र्रा-ज़र्रा कुरेदते जाओ
छीलते जाओ रेत से अफ़शाँ
वक़्त बैठा हुआ है गर्दन पर
तोड़ता जा रहा है टुकड़ों में

ज़िन्दगी देके भी नहीं चुकते
ज़िन्दगी के जो क़र्ज़ देने हों □

कन्धे झुक जाते हैं जब बोझ से इस लम्बे सफ़र के
हाँप जाता हूँ मैं जब चढ़ते हुए तेज़ चढ़ानें
साँसें रह जाती हैं जब सीने में इक गुच्छा-सा होकर
और लगता है कि दम टूट ही जाएगा यहीं पर

एक नन्ही-सी मेरी नज़्म मेरे सामने आकर
मुझसे कहती है मेरा हाथ पकड़कर, मेरे शायर
ला, मेरे कन्धों पर रख दे, मैं तेरा बोझ उठा लूँ □

सफ़ेद बिस्तर पे एक मय्यत पड़ी हुई है
जिसे कि दफ़नाना भूलकर लोग चल दिए हैं
कि जैसे मेरा दफ़न-कफ़न उनका हिस्सा न था

वे लोग लौटें
वे देखें, पहचानें
दफ़न कर दें तो साँस आए □

बस एक ही सुर में, एक ही लय पे सुबह से देख,
देख, कैसे बरस रहा है उदास पानी
फुहार के मलमली दुपट्टे-से उड़ रहे हैं
तमाम मौसम टपक रहा है
तमाम कायनात रिस रही है
हर एक शै भीग-भीगकर देख कैसी बोझल-सी हो गई है
दिमाग़ की गीली-गीली सोचों से भीगी-भीगी उदास यादें
टपक रही हैं

थके-थके-से बदन में बस धीरे-धीरे साँसों का गर्म लोबान
जल रहा है □

नंगी बेबाक धूप में दिन-भर
कोड़े बरसाता हूँ ग़ुलामों पर
बेचता हूँ, ख़रीदता हूँ उन्हें
मुँह उठाकर हवेलियों की तरफ़
अपने आक़ाओं की अना[1] के लिए
ख़ुद को नीलाम करके हँसता हूँ

नंगी बेबाक धूप में दिन-भर
करता रहता हूँ सौदे-समझौते
और तनहाइयों में फिर शब-भर
मुँह छुपाकर सिसकता रहता हूँ

एक भी हैं अनेक भी आदम
एक चेहरे में कितने चेहरे हैं □

1. अहंकार

ये गोल सिक्के, दमकते हुए खनकते हुए
किसी पे मोहरा हुआ राजा का चेहरा
किसी पे मोहरी हुई रानी की तसवीर

हर एक की पुश्त पे औक़ात उसकी लिखी है
ये हाथों-हाथ लिये जाते हैं जहाँ जाएँ

बचा के रखना यह मोहरा हुआ चेहरा
यह मिट गया तो गिने जाओगे खोटे सिक्कों में □

मसल के आँखें, छटक के बालों के बिखरे छल्ले
सँवारकर पैरहन की शिकनें
मैं रोज़ जिस वक़्त जागता हूँ
सुबह की चंचल हसीन लड़की
किनारा साड़ी का ठूँस लेती है यूँ कमर में
कि जैसे अब मुझसे लड़ पड़ेगी

शरीर–चंचल–हसीन लड़की □

बस्ता फेंक के लोची भागा रोशनआरा बाग़ की जानिब
चिल्लाता : 'चल गुड्डी चल
पक्के जामुन टपकेंगे'

आँगन की रस्सी से माँ ने कपड़े खोले
और तन्दूर पे लाके टीन की चादर डाली

सारे दिन के सूखे पापड़
लच्छी ने लिपटाई चादर
'बच गई रब्बा—किया-कराया धुल जाना था'

ख़ैरू ने खेत की सूखी मिट्टी
झुर्रियोंवाले हाथ में लेकर
भीगी-भीगी आँखों से फिर ऊपर देखा

झूम के फिर उट्ठे हैं बादल
टूट के फिर मेंह बरसेगा □

मुझसे इक नज़्म का वादा है, मिलेगी मुझको
डूबती नब्ज़ों में जब दर्द को नींद आने लगे
ज़र्द-सा चेहरा लिये चाँद उफ़क़ पर पहुँचे
दिन अभी पानी में हो, रात किनारे के क़रीब
न अँधेरा, न उजाला हो, यह न रात न दिन

जिस्म जब ख़त्म हो और रूह को जब साँस आए
मुझसे इक नज़्म का वादा है, मिलेगी मुझको □

ख़्याल, साँस, नज़र, सोच, खोलकर दे दो
लबों से बोल उतारो, ज़ुबाँ से आवाज़ें
हथेलियों से लकीरें उतारकर दे दो
हाँ, दे दो अपनी 'ख़ुदी' भी कि 'ख़ुद' नहीं हो तुम
उतारो रूह से यह जिस्म का हसीं गहना
उठो दुआ से तो 'आमीन' कहके रूह दे दो। □

कुछ भी क़ायम नहीं है, कुछ भी नहीं
रात-दिन गिर रहे हैं चौसर पर
औंधी-सीधी-सी कौड़ियों की तरह
ताश के रंग हाथ लगते हैं
उँगलियों से फिसलते रहते हैं
धूप-छाँव की दौड़ है सारी
कुछ भी क़ायम नहीं है, कुछ भी नहीं

और जो क़ायम है, एक बस मैं हूँ
मैं जो पल-पल बदलता रहता हूँ □

जी चाहता है
पत्थर मार के सूरज टुकड़े-टुकड़े कर दूँ
सारे फ़लक पर बिखरा दूँ इस काँच के टुकड़े
जी चाहता है

तस्मे बाँध के चाक़ू से
लम्बी एक कमन्द बनाकर
हुक लगाऊँ दूर उफ़क़ पर
खींच के चादर चीर दूँ सर से
झाँक के देखूँ क्या हैं ठंडे फ़लक के पीछे

शायद कोई और फ़लक हो □

दस्तखत

बूँद बराबर बौना-सा भन्नाकर लपका
पैर के अँगूठे से उछला
टख़नों से घुटनों पर आया
पेट पे कूदा
नाक पकड़कर
फन फैलाकर सर पे चढ़ गया—गुस्सा ! □

मुझको इतने-से काम पे रख लो

जब भी सीने में झूलता लॉकेट
उलटा हो जाए तो मैं हाथों से
सीधा करता रहूँ उसको

जब भी आवेज़ा[1] उलझे बालों में
मुसकरा के बस इतना-सा कह दो
'आह, चुभता है यह, अलग कर दो।'

जब ग़रारे में पाँव फँस जाए
या दुपट्टा किसी किवाड़ से अटके
इक नज़र देख लो तो काफ़ी है

'प्लीज़' कह दो तो अच्छा है
लेकिन मुसकराने की शर्त पक्की है
मुसकराहट मुआवज़ा है मेरा

मुझको इतने-से काम पे रख लो □

1. कान का कुंडल

तुमसे जब बात नहीं होती किसी दिन 'जानम'
ऐसे चुपचाप गुज़रता है यह सुनसान-सा दिन
एक सीधी-सी बड़ी लम्बी सड़क पे जैसे
साथ-साथ चलता हुआ, रूठा हुआ दोस्त कोई
मुँह फैलाए हुए, नाराज़-सा, ख़ामोश, उदास

और जब मिलता हूँ हँस पड़ता है यह रूठा हुआ दिन
गुदगुदाकर मुझे कहता है, 'कहो, कैसे हो यार' □

किसने पनघट पे उड़ाई हैं ये बातें 'जानम'
किसने पनघट पे बताया है कि हम रात को जब
चाँद पिछवाड़े की मसजिद का मुनारा छू ले
और चौपाल पे सो जाए वह पगला ख़ैरू
धान की कच्ची मुँडेरों से गुज़रकर दोनों
रोज़ मिलते हैं इसी कुएँ के पीछे आकर

हाँ, उसी पाजी ने ये बातें उड़ाई होंगी
रात-दिन पानी में टर-टर जो किया करता है
गिर के कुएँ में भी कमबख़्त की आदत न गई □

खोली जाएगी चिलमनों से रात
खिड़कियों से उतारी जाएगी
छत की सूनी मुँडेर से उठकर
रात ज़ीने से नीचे आएगी
और सो जाएगी यह बिस्तर पे

आज की रात एक फ़रवरी की है
दो को बम्बई लौटेगी 'जानू' □

तेरे कूचे इस बहाने कभी उस बहाने 'जानम'
बेवजह कोई आहट राह में उछाल देना
सिगरेट जला के रुकना, माचिस उठा के चलना
चुपके-से झाँक लेना ऊपर बरामदे में

नुक्कड़ पे पानवाले से पान का बहाना
बेवजह ढूँढ़ना फिर नम्बर किसी मकाँ का
बेवजह राहगीरों से रुक के पूछ लेना
'अच्छे-से वह भले-से, उनका मकाँ कहाँ है ?'

कभी इस बहाने जानाँ कभी उस बहाने 'जानम'
'तेरे कूचे हर बहाने मुझे दिन से रात करना।' □

आप से तुम से, तू पे यूँ आए
जैसे दफ़्तर से, घर पे, बिस्तर में

कोट-नेकटाई खोलकर मोज़े
ऐसे लेटे पसार के पाँव
जैसे किसी भी दफ़्तर में
लौटकर अब नहीं जाना □

ख़ाके

शहतूत की शाख़ पे बैठा कोई
बुनता है रेशम के तागे
लम्हा-लम्हा खोल रहा है
पत्ता-पत्ता बीन रहा है
एक-एक साँस बजाकर सुनता है सौदाई
एक-एक साँस को खोल के अपने तन पर लिपटाया जाता है

अपनी ही साँसों का क़ैदी
रेशम का यह शायर इक दिन
अपने ही तागों में घुटकर मर जाएगा □

सर पे चिल्लाती हुई धूप का सुनसान पहर है
और इक शोला-ज़ुबाँ[1] देव[2] फ़लक चाट रहा है
दूर इक सूखे हुए पेड़ पे इक चील का साया
ख़ुश्क आँखों से यह बेरंग ख़ला तोल रहा है
अपने पर तोल के, कुछ सोच के, फिर तोलता है
किस तरफ़ ? किसके लिए ? किसके लिए ? किसके लिए ?
सर पे चिल्लाती हुई धूप का सुनसान पहर है □

1. आग की लपटों जैसी जीभवाला, 2. राक्षस

खेत के सब्जे में बेसुध पड़ी है दुबकी
एक पगडंडी कुचली हुई अधमुई-सी लाश
तेज़ क़दमों के तले दर्द से कराहती है
दो किनारों पे जवाँ सिट्टों के चेहरे तककर
चुप-सी रह जाती है यह सोच के बस

'यूँ मेरी कोख कुचल देते न राहगीर अगर
मेरे बेटे भी जवाँ हो गए होते अब तक
मेरी बेटी भी तो ब्याहने के क़ाबिल होती' □

रात में आह झील का चेहरा
किस क़दर पाक, पुरसुकूँ, ग़मगीं
कोई साया नहीं है पानी पर
कोई सिलवट नहीं है आँखों में
नींद आ जाए दर्द को जैसे
जैसे मरियम उदास बैठी हो

रात में आह झील का चेहरा
जैसे चेहरा हटा के चेहरों का
सिर्फ़ एहसास रख दिया हो वहाँ □

गोल फूला हुआ सूरज का गुब्बारा थककर
एक नोकीली-सी चट्टान पे यूँ जाके टिका है
जैसे उँगली पे मदारी ने उठा रक्खा है गोला
फूँक से ठेलो तो पानी में उतर जाएगा नीचे

फुक-से रह जाएगा फूला हुआ सूरज का ग़ुब्बारा
छन-से बुझ जाएगा इक और दहकता हुआ दिन □

दूर सुनसान-से साहिल के क़रीब
इक जवाँ पेड़ के पास
उम्र के दर्द लिये वक़्त के मटियाले निशाँ
बूढ़ा-सा पॉम का इक और भी पेड़, खड़ा है
सैकड़ों सालों की तनहाई के बाद
झुक के कहता है जवाँ पेड़ से : 'यार,
सर्द सन्नाटा है तनहाई है,
कुछ बात करो' □

दिल में ऐसे ठहर गए हैं ग़म
जैसे जंगल में शाम के साये
जाते-जाते सहम के रुक जाएँ
मुड़के देखें उदास राहों पर
कैसे बुझते हुए उजालों में
दूर तक धूल ही धूल उड़ती है □

सैल्फ़ पोर्ट्रेट

नाम सोचा ही न था, है कि नहीं
'अमाँ' कहके बुला लिया इक ने
'ए जी' कहके बुलाया दूजे ने
'अबे ओ' यार लोग कहते हैं
जो भी यूँ जिस किसी के जी आया
उसने वैसे ही बस पुकार लिया।

तुमने इक मोड़ पर अचानक

मुझको 'गुलज़ार' कहके दी आवाज़
एक सीपी से खुल गया मोती
मुझको इक मानी मिल गए जैसे

आह, यह नाम ख़ूबसूरत है
फिर मुझे नाम से बुलाओ तो ! □

बिमल राय

शाम के कोहरे में बहता हुआ ख़ागोश नदी का चेहरा
गंदुमी कोहरे में जलते हुए आँखों के चिराग़
इक लगातार सुलगता हुआ सिगरेट का धुआँ
नींद में डूबी हुई दूर की मद्धम आवाज़

अजनबी ख़्वाबों के उड़ते हुए सायों के तले
नक़्श चेहरे के, पिघलती हुई मोम की मानिन्द
हर नए ख़्वाब की धुन सुनके बदल जाते हैं
ऐसा लगता है न सोएगा, न जागेगा, न बोलेगा कभी
शाम के कोहरे में बहता हुआ ख़ामोश नदी का चेहरा □

सलिल चौधरी

कँपकँपाती हुई तालाब के पानी की सतह
सूत के तागों से बाँधे हुए सैलाब का शोर
हलकी-सी ज़र्ब से झन्नाके बज उठते हैं
तेज़ चाकू के तराशे हुए चेहरे के नुक़ूश
मुज़्तरिब[1] चेहरे पे उड़ते हुए आँखों के हुरूफ़
इक तजस्सुस[2] में हैं, लगता है किसी पल भी
जैसे इस सफ़े से घबरा के ये उड़ जाएँगे

अपने ही आप से उलझी हुई परवाज़[3] की रफ़्तार
अपने ही आप से घबरा के न छुट जाए कहीं
अपने ही आप से हारी हुई रफ़्तार की परवाज़ □

1. बेचैन, 2. खोज, 3. उड़ान

ग़ालिब

बल्लीमाराँ के मोहल्लों की वो पेचीदा दलीलों की-सी गलियाँ
सामने टाल के नुक्कड़ पे, बटेरों के क़सीदे
गुड़गुड़ाती हुई पान की पीकों में वह दाद, वह वाह-वा
चंद दरवाज़ों पे लटके हुए बोसीदा-से कुछ टाट के परदे
एक बकरी के मिमियाने की आवाज़
और धुँधलाई हुई शाम के बेनूर अँधेरे
ऐसे दीवारों से मुँह जोड़ के चलते हैं यहाँ
चूड़ीवालान के कटरे की 'बड़ी बी' जैसे
अपनी बुझती हुई आँखों से दरवाज़े टटोले

इसी बेनूर अँधेरी-सी 'गली क़ासिम' से
एक तरतीब चराग़ों की शुरू होती है
एक क़ुरान-ए-सुख़न का सफ़ा खुलता है
'असद उल्लाह ख़ाँ ग़ालिब' का पता मिलता है □

लम्बी नज़्में

Fuel

छोटे थे, माँ उपले थापा करती थी
हम उपलों पर शक्लें गूँधा करते थे
आँख लगाकर—कान बनाकर
नाक सजाकर—
पगड़ी वाला, टोपी वाला
मेरा उपला—
तेरा उपला—
अपने-अपने जाने-पहचाने नामों से
उपले थापा करते थे
हँसता-खेलता सूरज रोज़ सवेरे आकर
गोबर के उपलों पे खेला करता था
मेरा उपला सूख गया—
उसका उपला टूट गया—
रात को आँगन में जब चूल्हा जलता था

हम सारे चूल्हा घेर के बैठे रहते थे
किस उपले की बारी आई
किसका उपला राख हुआ
वह पंडित था—
वह मास्टर था—
इक मुन्ना था—
इक दशरथ था—

बरसों बाद—
श्मशान में बैठा सोच रहा हूँ

आज की रात इस वक़्त के जलते चूल्हे में
इक दोस्त का उपला और गया ! □

—अंजना भाभी के देहान्त पर

Museum

और गाइड बता रहा था हमें

'यह ख़्वाबगाहे-शाहे-आला[1] थी
हीरे-मोती जड़े पलँग थे यहाँ
सुच्चे मोतियों की इन दरीचों पर
चिलमनें टाँगी जाया करती थीं

वह निशाँ गिनके देखिए छत पर
नौ सौ पैंतीस नीले बिल्लौर के फ़ानूस
रात में जगमगाया करते थे

जश्ने-शेर-ओ-शराब[2] रहता था
रात-भर रक़्स[3] चलते रहते थे
सात सौ बारह ऊँटों पर लदकर
मुल्क ईरान से आए थे क़ालीन
गुलबदन[4] बेगमात—कहते हैं साहब,

1. राजा का शयन-कक्ष, 2. कविता और मदिरा का उत्सव, 3. नृत्य, 4. फूल जैसी शरीरवाली

पाँव रखतीं तो डूब जाता था

रात-दिन उनके क़हक़हों से महल
तानपूरा-सा गूँजा करता था
वह ज़माने ही और थे साहब !'

कहते-कहते हुजूम को लेकर
बढ़ गया मिक़्नातीस[1] का टुकड़ा

अब अकेला खड़ा हूँ खँडहर में
एक झींगुर की आ रही है सदा[2] □

1. चुम्बक, 2. आवाज

Family Tree

मोड़ पे देखा है वह बूढ़ा-सा इक पेड़ कभी ?
मेरा वाक़िफ़[1] है बहुत सालों से हम जानते हैं

जब मैं छोटा था तो इक आम उड़ाने के लिए
परली दीवार से कन्धों पे चढ़ा था उसके
जाने दुखती हुई किस शाख़ से जा पाँव लगा था
धाड़ से नीचे गिरा, फेंका था उस पेड़ ने मुझको
मैंने खुन्नस में बहुत फेंके थे पत्थर उस पर

1. परिचित

मेरी शादी पे मुझे याद है शाख़ें देकर
मेरी वेदी का हवन गर्म किया था उसने

और जब हामला[2] थी 'बीबा' तो हर रोज़ दोपहरे
मेरी बीवी की तरफ़ कैरियाँ फेंकी थीं इसी ने

वक़्त के साथ सभी फूल सभी पत्ते गए

तब भी जल जाता था जब मुन्ने से कहती थी 'बीबा'

2. गर्भवती

'हाँ, उसी पेड़ से आया है तू, लाई थी वहीं से'
अब भी जल जाता हूँ, जब मोड़ गुज़रता हूँ कभी
खाँसकर कहता है, 'क्यों, सर के सभी बाल गए ?'

सुबह से काट रहे हैं वह कमेटी वाले
मोड़ तक जाने की हिम्मत नहीं पड़ती मुझको □

A Get-Together

मौत-ओ-मातम[1] की गहमा-गहमी थी
एक जोश-ओ-ख़रोश था हरसू[2]
" 'उस' को भी तो ख़बर कर दो"
" 'उस फ़लाँ' को ख़बर करी कि नहीं"
शहर के फोन जुड़ते जाते थे
एक कोलॉज बन रहा था कहीं

रोते-रोते कहा है एक साहब ने :
"चेहरा देखो तो सो रहे हैं अभी
ऐसा लगता है...
'भाई' कह दो तो जाग जाएँगे"

1. मृत्यु और शोक, 2. हर ओर

कुछ बहुत मोतबर[3]-ओ-ज़िम्मेदार-से लोग
ज़िम्मेवारी से बात करते हैं :
"लाश कितने बजे उठाएँगे ?"
"थोड़ा बासी दही मँगा लेना"
"आख़िरी दीद[4] कर लें अब, कह दो"
"देख लो एक फ़्लाइट दिल्ली की–
और कुछ लोग आनेवाले हैं"
कोई गाड़ी रुकी है फिर आके

3. सम्माननीय, 4. दर्शन

सारे चेहरे पलट गए हैं उधर
दूर से ऊँचे हो गए हैं विलाप
कोई हस्ती अहम-सी होगी
एक-दो लोग थामने के लिए
बढ़ गए हैं कुछ आगे
''सब्र-सब्र-धीर करो''
''सबको एक दिन तो जाना है''
''आई को कौन टाल सकता है ?''
''सब्र-सब्र-धीर करो''

हिचकियाँ रोककर रोने वाले ने
सुबकियाँ लेते-लेते फिर पूछा :
"कब हुआ ?—कैसे ?—किस तरह...?
कल तो अच्छे-ख़ासे थे...
पिछले मंगल मिले तो थे मुझसे
हँसकर कहने लगे...
'अब के भी घर न आए तो...
मुँह नहीं देखूँगा कभी' "
फूटकर फिर से रो पड़ा कोई
"सब्र-सब्र-धीर करो"

रोयें भी तो कितनी देर भला
पेट गुड़गुड़ाने लगते हैं
बासी होने लगा है अब माहौल
अब उठा के ले चलो इसको

गहमा-गहमी थी ख़ूब मरघट में
कौन है, जिसकी लाश आई है
कुछ अहम लोग भी दिखाई देते हैं
"रास्ते में ख़बर मिली मुझको

मैं तो सीधा यहीं चला आया''
''आपका केस क्या हुआ कचहरी में ?''
''फिर से तारीख़ पड़ गई उसकी''
''मैं तो बस दंग रह गया सुनके
सेहत अच्छी थी आज भी, टच-वुड''
''थोड़ी लकड़ी उठा के लाश पर रख दो''

लौट आए जलानेवाले सभी
फिर नहाए उठानेवाले सभी
''लेना-देना चुका गया,'' बोले
हाथ मल के ज़मानेवाले सभी

शाम तक राख ठंडी हो गई होगी
और कनस्तर में भर के ढेर-का-ढेर
पीछे खाड़ी में फेंकने के लिए
दो रुपए और भंगी को देकर
लम्बी-सी एक साँस ली होगी
''मिट्टी में मिल गई मिट्टी''

कल कलेंडर में जब सुबह होगी
''मैं कहीं नहीं हूँगा
मैं जो 'हूँ' 'था' हो चुका होगा'' □

Time-Capsule

मैं खँडहरों की ज़मीं पे कब से भटक रहा हूँ
क़दीम[1] रातों की टूटी क़ब्रों के मैले कुतबे[2]
दिनों की टूटी हुई सलीबें गिरी पड़ी हैं
शफ़क़ की ठंडी चिताओं से राख उड़ रही है
जगह-जगह गुर्ज़ वक़्त के चूर हो गए हैं
जगह-जगह ढेर हो गई हैं अज़ीम[3] सदियाँ
मैं खँडहरों की ज़मीं पे कब से भटक रहा हूँ
यहीं मुक़द्दस हथेलियों से गिरी हैं मेख़ों[4] की सुर्ख़ बूँदें

1. प्राचीन, 2. कब्र पर लगा हुआ पत्थर, 3. महान, 4. कीलों

कुँवारी रूहों के जिस्म मिट्टी में खप गए हैं
यहीं हिनाई[1] हथेलियों से गिरी है मेंहदी
शम्ओं की टूटी हुई लवें ज़ंग खा गई हैं
यहीं पे माथों की रोशनी जलके बुझ गई है
सपाट चेहरों के ख़ाली पन्ने खुले हुए हैं
हुरूफ़ आँखों के मिट चुके हैं
मैं खँडहरों की ज़मीं पे कब से भटक रहा हूँ
यहीं कहीं ज़िन्दगी के मानी गिरे हैं और गिरके खो गए हैं □

1. मेंहदी-लगी

त्रिवेणी

उड़के जाते हुए पंछी ने बस इतना ही देखा
देर तक हाथ हिलाती रही वह शाख़ फ़िज़ा में

अलविदा कहने को या पास बुलाने के लिए □

क्या पता कब, कहाँ से मारेगी
बस, कि मैं ज़िन्दगी से डरता हूँ

मौत का क्या है, एक बार मारेगी □

सब पे आती है सबकी बारी से
मौत मुंसिफ़ है कम-ओ-बेश नहीं

ज़िन्दगी सब पे क्यों नहीं आती □

कौन खाएगा किसका हिस्सा है
दाने-दाने पे नाम लिखा है

'सेठ सूदचन्द मूलचन्द जेठा' □

उफ़ ! यह भीगा हुआ अख़बार
पेपर वाले को कल से चेंज करो

'पाँच सौ गाँव बह गए इस साल' □

चौदहवें चाँद को फिर आग लगी है, देखो
फिर बहुत देर तलक आज उजाला होगा

राख हो जाएगा तो कल फिर से अमावस होगी □

रात के पेड़ पे कल ही देखा था
चाँद, बस, पक के गिरनेवाला था

सूरज आया था, ज़रा उसकी तलाशी लेना □

गोली, बारूद, आग, बम, नारे
बाज़ी आतिश की शहर में गर्म है

बँध खोलो कि आज सब 'बन्द' है □

ज़ुल्फ़ में यूँ चमक रही है बूँद
जैसे बेरी में तन्हा इक जुगनू

क्या बुरा है जो छत टपकती है □

शाम से शमा जली देख रही है रस्ता
कोई परवाना इधर आया नहीं, देर हुई

'सौत होगी मेरी, जो पास में जलती होगी' □

दिल को बालों से नोचता है सर
सर में नाख़ून खुबो रहा है दिल

अज़ल के दोस्त, अज़ल से दुश्मन हैं □

इतने लोगों में, कह दो आँखों को
इतना ऊँचा न ऐसे बोला करें

लोग मेरा नाम जान जाते हैं □

कहीं मिट्टी उछलती है, कहीं कंकर छिटकता है
कि ठुड्डे मारती चलती हैं राहों में हवाएँ

अजब लड़कों-सी लगती हैं ये दोशीज़ा अदाएँ □

रोज़ उठकर चाँद टाँगा है, फ़लक पे रात को
रोज़ दिन की रोशनी में रात तक आया किए

हाथ-भर के फ़ासले को उम्र-भर चलना पड़ा □

साँवले साहिल पे गुलमोहर का पेड़
जैसे लैला की माँग में सिन्दूर

धर्म बदला गया बेचारी का □

बस, हवा ही भरी है गोलों में
सुई चुभ जाए तो पिचक जाएँ

लोग ग़ुस्से में बम नहीं बनते □

हमको 'ग़ालिब' ने यूँ दुआ दी थी
'तुम सलामत रहो हज़ार बरस'

यह बरस तो बस दिनों में गया □

ख़याल फेंका है रफ़्तार-ए-बेपनाह[1] के साथ
ख़ुदा को पहुँचे या उससे परे निकल जाए

कि उसके बाद जो पहुँचा तो मुझ तक आएगा □

1. अपार गति

शाम गुज़री है बहुत पास से होकर लेकिन
सर पे मँडलाती हुई रात से जी डरता है

सर चढ़े दिन की इसी बात से जी डरता है □

आओ, सारे पहन लें आईने
सारे देखेंगे अपना ही चेहरा

रूह? अपनी भी किसने देखी है ! □□